JN207451

美の奴隷として生きることに決めた

岩下志麻　下村一喜

日本メナード化粧品

野々川大介会長に捧ぐ

岩下志麻

親愛なる　岩下志麻様へ

初めて岩下志麻さんの存在を知ったのは、何の作品だったのか記憶が定かではありません。芳賀書店さんが出されていたシネアルバムの、あまりにも美しい表紙の御顔だったのか、それとも、深夜にテレビで観た映画だったのか……。衝撃的に美しすぎて、ディテールを忘れてしまっているのだと思います。

その後、御名前と存在が、脳内に記憶として完璧にプリントされましたのは、私の母の、感嘆の溜息とともに出た言葉を聞いたときでした。

「うらやましいわ。こんなに綺麗で、なおかつ素敵な旦那様がいるのよ。この人はね、映画監督の旦那様に愛されて、〝あなたは御炊事も御掃除も洗濯も、何もしなくていい〟って言われたそうよ。私もそんなことを言われる女になってみたい！」

日頃、海外の女優さんしか褒めない母が、テーブルに頬杖をついて映画雑誌をめくりながら岩下さんの出ているページで手を止めると、その美貌と境遇を褒めちぎったのです。

まだ幼かった私は、母の言葉の意味することが何やらスキャンダラスに感じて、とてもショッキングでした。――それは確かに、女優という〝生き物〟にリスペクトのある、篠田正浩監督の優しさであることは明白なのですが、御本人にとって旦那様からのこの言葉は重責で、そんな生易しいものではないことを、25年後に知遇を得ました岩下様の体験談で私は知ることとなります。

さて話は変わり、私の大好きな岩下志麻作品を挙げさせて頂きますと、『心中天網島』、『はなれ瞽女《ごぜ》おりん』、『鬼畜』、『鬼龍院花子の生涯』、『古都』、『疑惑』でしょうか。ああでも、『悪霊島』も入れないわけにはいきません。撮影監督の宮川一夫さんが映された、岩下さんの見事な美しさ。妖しさ。あの姿は、幽玄そのものと言えましょう。

どれもまったく違う役柄ですが、その美貌の中に狂気と孤高を色濃く感じたのは私だけではないはずです。

いつかこの女優さんに逢えたなら――想い続ければ、願いは叶うものなのですね。

メナード化粧品様が、広告の撮影に僕を起用してくださったのです。2010年のことです。依頼を頂いたときは、夢見心地でした。しかし、夢と憧れだけでは写真は撮れません。撮影は、私と被写体との〈勝負〉の時間です。いわば〈戦場〉です。

岩下さんがスタジオに入って来られた瞬間は、今でも鮮明に覚えています。すべてがスローモーションの流れで、私の中に記憶されています。

岩下さんはスタジオに入られた瞬間から、「女優」さんとして存在していました。そして、御支度を終えられ、撮影が始まりました。

一枚たりとて、岩下さんが納得しない写真は撮るまい。

そう心に決めて、私はシャッターを押しました。絶世の美女でも、被写体になれば言わば俎板《まないた》の上の鯉です。そして被写体が美しければ美しいほど、実は自分自身を疑っているものです。

写真家は、被写体のあらゆる疑問に対して、説得力を持って答えなければなりません。もちろん、言葉でも、作品でも、です。

キャリアや社会的地位を越えて、目線の高さを合わせなければ被写体は写真家を信頼しません。すなわち、最終的に〈目〉が生きないのです。

結果、最初の一枚目からそれはそれは美しい写真が撮れました。そこで、クライアントの皆様、スタッフの皆様が驚くことが起こりました。

「ありがとう！」岩下さんが感極まって、私にハグをしてくださったのです！そのときに放たれた、うっとりとした香りまでも覚えております。

あの日から、かれこれ10年あまり。その間、メナード様の撮影だけではなく、雑誌のグラビアや、『岩下志麻のきもの語り』という着物写真集のお仕事もご依頼いただきました。さらには、昨年（2018）、テレビ番組「SWITCHインタビュー 達人達」（NHK Eテレ）で御一緒し、女優と写真家という畑は違えども、同じ表現者として生きることについて、深くお話をする機会を得ました。

「一つの作品が終わるとその役の色をすべて洗い流して、一旦真っ白な状態に戻します。そこからまた、新たに出会った役への色を作っていくの」と、岩下様は語られました。作品のためには、私生活を犠牲にすることも厭《いと》わない。孤独であることも受け入れる。その生き方に、深く深く私は共鳴してしまうのです。岩下さんはいつも、命がけで表現をしてこられた。だから私も、命がけで岩下様を撮らなければなりません。

このフォトブックはとても美しい本です。四季が、その木々や花々と共に色彩が変わりゆくように、約10年を費やして撮影させていただいた岩下様の美貌が、鋭い光を放って、ページをめくるたびにドラマが生まれます。

美と表現に支配され、果たして自己の人生と云うものがあったのか、どうか。道半ば、私は考えることがあります。

岩下さんはその迷いの季節を越えられたと信じますが、岩下様の仕合わせは「女優」として生きる運命のもとに生まれてしまったこと。そして、美しく生き続けなければいけないという宿命を託されたこと。

「美と表現の奴隷」たる所以は、写真として此処に結実いたしました。

2019年秋

下村一喜

——下村さんにとっての、女優・岩下志麻はどんな存在ですか。

自分の人生を生贄にして表現を追求する女性とでもいいましょうか。身を投げて役になりきるという、世界一幸福で、もしかしたら世界一不幸な、素晴らしい女優さんだと思います。

そこに佇んで、立っているだけで物語ができるような、そういう方はなかなかいないと思います。

――岩下さんにとっての、カメラマン・下村一喜はどんな存在ですか。

私の映画をたくさんご覧下さっていて、若い時のポスターとか、映画の台詞をそのまま真似て仰ったりとか、ものすごく嬉しかったたし、親近感を覚えました。

――下村さんは、他のカメラマンの方たちと何が違ったのでしょう。

美に対する追求心、ですね。
極端なまでの美に対するこだわりです。

——被写体としての岩下志麻さんについてどう思われますか。

あの国宝級の美しさを、どう写真に留めていくか。
いつもわくわくしながらカメラに向かっています。
お優しくていらっしゃるんですけれど、狂気の部分がすごく大好きなんですね。

ええ、岩下志麻は、狂気。

――下村さんに撮影されるときはどんな気分になりますか。

綺麗、綺麗と言って撮ってくださるので、なんだか自分が本当に綺麗なような気持ちになるのです。だからもう、いつも下村さんに魔法にかけられたようで。

私は、普通の顔ですよ。だって私、自分の顔、すごく
嫌いだったもの。
よく映画女優になれたと思っているんだけど。
小さい時、遠足写真なんかの自分の顔を黒く塗り潰して
いたくらいです。
だからあんまり、小さい時の写真がないのです。

下村さんは信じられないくらいに綺麗に撮ってくださる。
照明とか、レンズの使い方とかいろいろな技術がおありになるんでしょうけれども。

でも、それよりも何よりも、ハートがすごく写るんです。
下村さんの写真は、ただ綺麗なのでは、なくて。

なにか、その人のハートみたいなもの。
そこに秘密があるのかなと思っています。
ハートが写り込む瞬間に。
それをシャッターチャンスと言うのかしらね。

小さい頃は写真を撮られるのは苦手だったのですが、女優になってからは映画のなかで、自分が他の人間の誰かになっているときは、どこからどんな角度で撮られても平気なんです。

下村さんとは、同じ軸を共有できるというか。だから写真を撮られていてとても楽しいし、高揚するのです。

愛情があるカメラマンに撮っていただくのと、愛情を何も感じなくて撮ってくださる方とでは、まったく伝わるものが違うんです。

そういう意味では、写真は正直で、怖いわね。

――悩んで葛藤されることは、ありますか。

葛藤は常にあります。　下村

私もそう。常に葛藤。　岩下

もうちょっと楽な人生だったら……。
下村

そう思いますけど、出来ないんですよ。
岩下

でも、葛藤がなかったらおかしいですよね。表現者が。
下村

そりゃそうよね。
岩下

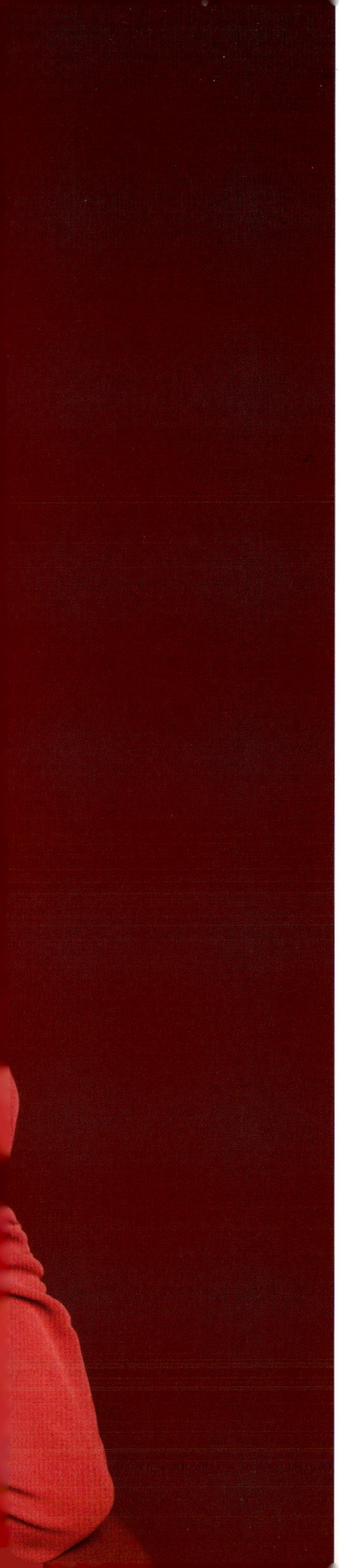

対談　岩下志麻×下村一喜

孤独と美しさが合わさって、人は孤高となる

下村　岩下さん、今日は、「姫」と呼ばせてください。

岩下　まあ、あなただけよ、私のことをそう呼ぶのは。下村さんて、撮影の前に一度、モデルの前で御自身でポーズを取ってくださるでしょう。いつも。それですごくイメージが浮かぶの、私。手の持っていき方とか、表情とか。それから肩のポーズの付け方……。とても参考になります。

下村　もったいない。ありがとうございます。

岩下　下村さんは、ものすごく「手」にこだわりをもっていらっしゃる。手の置き方でひとつで、表情が違ってくるというお考えでしょう。

下村　はい。手の動きひとつで、女性でも有り様というものがまったく変わってくると思います。

岩下　あと、衣裳を決めるときや、ヘアを作っている最中からいらしてくださる。「それはちょっと違うんじゃない？」とか、「僕のイメージはこうです」とか。衣裳の段階から、下村さんの中ではもう、構図が浮かんでいらっしゃる。

下村　被写体の方《かた》が決まりまして、お衣装がすべて決まりまして……そうすると、色の配分だとか、構図の在り方が見えてきます。色の数は、あまり多く入らないほうが綺麗なんですね。そのほうが目が散らばらずに言いたいこと、被写体の方の気持ちとか、高揚感などが真っ直ぐに届くというか。色を入れるのでしたら、サイケデリックにたくさん入っているか、ミニマムにしていくか。構図も……実は企業秘密なんですけれども、いい写真、人の視界にすっと入っていく見やすい写真というのは、構図の中に三角形があるんです。

岩下　なるほど、そこに下村さんの秘密のひとつがあったのですね。

下村　言っちゃった（笑）

岩下　どういうところからイメージを吸収していらっしゃるんですか？

下村　元々は映画です。

岩下　やっぱり。とても映画がお好きですよね。ほんとうによくご覧になっていて、びっくりしちゃうくらい。映画に昔から惹《ひ》かれていたわけですか？

幼少期から。

下村　はい、幼少期からです。

岩下　どういうことがきっかけで？

下村　自分ではそれほど意識していなかったのですが、幼い頃からちょっと変わっていたらしくて……学校でイヤなことがあったり、悲しかったりしたときに、いつも映画の世界の中に逃避していました。映画の主人公になったり悪役になったり。失礼かもしれませんが、岩下志麻さんになったり。現実よりも、そっち側の世界で生きてきたという感じです。ブツブツと、ずっと岩下さんの台詞を言いながら登下校していたり。

岩下　すごいわね。

下村　岩下さんが邪馬台国の女王を演じられた『卑弥呼《ひみこ》』（監督・篠田正浩／1974年）の台詞とか。眉毛を剃った岩下志麻が神のお告げを言う！　みたいなシーンを真似したりとか。あの頃観た映画の画《え》の力とか美しさ、それが今の自分の美を構成しています。すごく強い要素ですね。岩下志

麻さんのせいです。私がこんなことになっちゃいましたのは（笑）

岩下　じゃあ、下村さんは俳優さんにもなり得たかもしれないけど。どちらかというと映画監督になりたかったのかしら？

下村　世界観を作りたいというふうに思いました。ただ、映画を内容で観ているというよりは、点で見ている自分に気が付いたんです。何度も何度も何度も何度も、同じシーンを観ます。たとえば1分間、岩下さんがお茶を点《た》てている横顔があったら繰り返し、また繰り返し。おかしいんじゃないか、と同居している人間が言うくらいに。

岩下　どうしてそんなに何度もご覧になるわけ？

下村　魅了されているんです。止まっている画ではないですね。シーンですね。脚本でいうと、ト書きのシーンをずっと観ています。姫が綺麗だとか、ハッとした瞬間だとか、それをずっと繰り返して観ているのです。
それで、仕事に就くのなら、映画よりも写真のほうが向いているんじゃないかなと思いました。私は、写真は止まっている映画だと思って撮影しています。

岩下　だから写真を撮るとき、気持ちの作り方というのをすごく重要視されるのね。

下村　形にも、もちろんこだわっています。人間が美しく見えるポーズというのがありますので。ただ、そこにいかに心が入るか。瞬時にして、零コンマ1秒以内にパッとジャッジメントしなければいけないということが写真の世界にはあります。昔、写真を始めたばかりの頃は、私は絵を描いたりもしますので、自分が描いた絵の通りにモデルさんを押し込めていました。でも、それでは写真がつまらないんです。予定調和といいますか。当時は写真が生きていなかった。それならば、そもそも写真を撮らずに絵を描けばいいわけで、悩みましてね……そこでもっと被写体の方とコミュニケーションをとろうと考えたんです。
たとえ姫であっても、私が違うと思ったときには、「私はこちらの方がいいと思うんですけれど」と意見させてもらいます。御髪《おぐし》のこともそうですし、ポーズのこともそうですし。生意気かもしれませんが、被写体と一緒に歩んでいく、ひとつの作品を作っていくのがすごく幸せです。そのコミュニケーションも絶対に大切だと思います。

岩下　そうですね。心が通じ合わないとね。

下村　撮影のとき、自分も興奮していますけど、撮られる方も高揚させて心が写るものを撮りたいなといつも思っています。

岩下　下村さんがお書きになった本、『美女の正体』（集英社）でも、美の追求への道のりが記されていますね。〈美しいものがすごく好きで、いつも絵を描いていていた〉〈性的に自分がゲイであることは、小さいころから自覚していました〉〈映画に出てくる美しい女優さんに憧れ、崇拝し、その女性像にトランスして生きていました〉。下村さんのセクシャリティからいくと、男性を撮るときと、女性を撮るときとでは、どういうふうに違いますか？

下村　基本、向かい方は一緒です。気持ちも一緒です。私は女性が大好きなんですね。

岩下　そうよね。

下村　ただ、セクシャリティの話でいうと私自身は、「美」とか、美しさに高揚したり入り込んでいくことはあるんですけれども、セクシャルに被写体と接することはないんです。下世話な部分がないというか。だから、情感みたいなものを抜きにして作品の美しさをシェアできる、追求していけるところがあります。でも、ドライということとは違います。

岩下　浜崎あゆみさんのプロモーションビデオを、以前お作りになっていましたね（『GREEN』、2008年）。その映像の中で、裸にサスペンダーだけの男性が出てくるシーンが2カットくらいありましたね。

下村　はい、上海のオープンセットで撮影したものですね。

岩下　とてもエロティックでした。だから下村さんは、男性を撮るときと女性を撮るときとはやっぱり違うのかなと思ったりもしたのですが、そうじゃないのね。

下村　そうですね、男性も綺麗に撮ってしまうので。雄々しいところを暴いていく、いいドキュメンタルな写真もあると思うんですけれども……綺麗になっちゃうんです。セクシーなシーンだとしても。

岩下　美しい女性像というのは、どういうふうに考えてらっしゃいます？

下村　自分の得意とする中に、「美人画」というのがあるんですね。女性の美というものについても、ずっと追求して生きてきました。造形的に綺麗な人を撮ればいい写真になるかといえば、必ずしもそうではないんです。その人の知性であったり、自分を俯瞰《ふかん》で観れる自己プロデュース力がないと、いい写真にはならないことが多いのです。自己プロデュースができる人というのは、逆に、自分をさらけ出すこともできる人なんです。写真を撮られるときに、ハッタリをかませる、ギャンブルをもできる気持ちというか。そういうことをひっくるめて、〝知性的なもの〟が、美しい女性には必要だと思っています。

岩下　下村さんの、美へのこだわりの原点というのは、どこから来ているのでしょう？

下村　母からの影響はとても強くあります。すごくお洒落な人で、キャビンアテンダントをしていました。たとえば、母がお化粧をしていると、何かいつもの母ではないような非現実的なものに女性がなっていくさま、そういうことに幼い頃から感化されていました。女性の持っているドラマ性が好きなんです。

岩下　風景画などにはご興味がないですか？

下村　風景も撮りますし、モノも撮ります。それも人と同じように語りかけ、接するのですが、私はやっぱり人に興味がありますね。感情の機微《きび》だったり。それはやっぱり、映画を観てきたから……。

岩下　やはりそうですよね。人間に興味がおありですよね。

下村　姫もそうですよね。人間に。

岩下　そうですね。私もそうですね。

下村　人間が好きで、人間で疲れて、人間に興味があるという感じですね。

岩下　同じかもしれない。

下村　写真への葛藤は常にあります。いい写真を撮れるかどうかと問われれば、私は撮れます。こう言うと、生意気ですけれども。だけれども、コミュニケーションがうまくいかないときは、その人に、いろんなノックの仕方をしてみます。写真は、人間対人間の対話だと思っていますので。そして、いつも「今日が自分の最後の撮影」だと思って撮っています。どんな撮影でも、たとえそれが姫のように御高名な方でなくても、依怙贔屓《えこひいき》なしにそう思うのです。もうこれで最後だと。自分にも嘘をつかず、被写体の方にも嘘をつかないで真っ直ぐ向かっていきたいという思いとともに、です。

岩下　なるほど。私もそれくらい、仕事にのめりこんでしまうことがあります。デビュー60周年を記念して、昨年『美しく、狂おしく　岩下志麻の女優道』という語り下ろしの本を出版したんです（春日太一著、2018年）。タイトルの「狂おしく」というのは、私がいろんな役にのめり込んじゃうので他のものが見えなくなっちゃうときの「狂おしく」であり、また、私が狂気の女の役をずいぶんと演じてきたこともあって、このタイトルになったのです。

下村　狂おしく!　ぴったりですね。私は、姫が28歳のときに主演された、『心中天網島』（篠田正浩監督、1969年）が大好きなんです。近松門左衛門原作の人形浄瑠璃をモチーフにした実験的な作品ですね。姫はこの映画で一人二役に挑戦されています。中村吉右衛門さん演じる紙屋の主人治兵衛の妻、おさんと、治兵衛がおさんに隠れて逢瀬を重ねる遊女、小春。この映画で姫は、遊女の小春のほうを先にお撮りになられたんでしょうか。

岩下　そうです。先に小春を撮って、それからおさんを演じました。まったく違う役柄でしたからね、私にできるのかしら……と最初は自信がなかったのですが、思い切ってやらせてもらいました。

おさんは、いわゆる母性とモラル。小春はエロス。二人とも、男性にとっては理想的な女性ですよね。おさんのほうは、肌色を黒くして声をアルトにして、眉毛を剃ってお歯黒にしました。小春のほうは、遊女の儚《はかな》さを出すために白塗りにして声も高めにして、眉も細めに上のほうに描いたんです。

下村　綺麗でした！

岩下　心中のシーンで、黒子が登場したのにもびっくりしたでしょう？　私もあの黒子の演出がものすごく刺激的でした。「人間を導く糸」みたいな存在で。

下村　外国の方々もあの映像を観てびっくりなさったそうです。アバンギャルドで、いろいろな表現に挑戦した、あの時代ならではの興奮が伝わってきて、好きなんです。

岩下　あの作品は監督をはじめ、素晴らしい芸術家の方々が集まって、ものすごく斬新で衝撃的な作品になりました。

下村　盲目の女旅芸人を演じた『はなれ瞽女《ごぜ》おりん』（篠田正浩監督、1977年）も素晴らしかったです。あの映画では、撮影前に実際に瞽女さんのところに行って、取材を重ねたとか。

岩下　私ね、わりと外側から役を作っていくんです。『はなれ瞽女おりん』では、瞽女さんのところに行ったりとか、盲学校に行ったりとか。それから暗闇の中で一日中生活をしてみたりもしました。暗闇で手を洗ったり、顔を洗ったり、お化粧をしたり、ご飯を食べたり、洋服を着たり。それを全部、目を瞑《つむ》ってやってみたんです。そういうことをして、外側からだんだん入っていって。そこから台本を開いて、セリフを覚えるんです。

下村　役を作って、分析をして。最後にグッと命を吹き込むんですね。

岩下　のめりこんじゃう。その役をやっているときは、自分がその人間だと思い込んでいるから性格も全然違っちゃう。だから、それから離れると、「果たして自分は何者なんだろう？」と、虚脱状態に陥ることが多いんです。21歳のときに、小津安二郎先生の『秋刀魚の味』（１９６２年、小津安二郎監督の遺作）に出演させて頂きました。小津先生は、自分のリズムをとても大事になさるんです。だから、テストが50回から１００回なんていうことも、ザラにありました。小津先生の作品は、それぞれのシーンが、一枚一枚の絵のようでしょう。だからその絵の中に、小津先生のリズムに合った人間で登場しないと、納得できなかったんだと思うんです。極端な言い方をすれば、小津先生が、人形に血を通わせていく、という感じです。だから、俳優さんのそれぞれの癖とか、テクニックはすごく嫌われるの。役者は白紙で先生の前に立って、先生の好きな色に塗られる。そういう感じの映画づくりでした。

下村　小津先生との出会いは、私にとってとても勉強になりました。小津先生はこう仰いました。「悲しいときに、悲しい顔をするもんじゃない。人間の感情というのはそんなに単純なものではない」のだと。先生の仰ったあの一言は、今も尚、私の演技の原点になっているんです。

素晴らしいお言葉。でも、姫は意外と周りの人に引っ張られませんよね。姫は、余計なことをしない女優さんだと思います。

岩下　そうかもしれないですね。

下村　いつもビシッとしていらして。瞬《まばた》きもあまりなさらないんです。

岩下　そうですね。瞬きはあまりしないでと、昔、よく言われたんです。結構長い間でも、瞬きをしないでお芝居ができますね。

下村　それで、目が濡れてくるんです。瞬きをしないがゆえに。それがまた美しく、妖しく。それがまた、凛としたお芝居に繋がっていく……。

岩下　女優として常に白紙でいたいという気持ちはあります。それで、あまり私生活を表に出すのは止めようと思ってきました。映画を観たときに、女優の私生活は要らない情報だと思うから。

下村　唐突ですが新宿二丁目の方は、ほぼ全員、姫のことが大好きです。大好きな理由は、たくさんありますけれども、生活感のなさゆえの崇高な感じに憧れる人も多いようです。以前お伺いしたエピソードですが、確か、姫が娘さんをご出産された後、映画の台本を渡されたときに……。

岩下　ええ、母乳が止まっちゃったの。だからのめり込むと大変なんですよ。そしてまた、ひとつの役が終わると、白紙に戻るまで時間がかかるんです、私の場合。白紙に戻して、また次の役をいただいて、その役の色を自分に塗っていく。それが私の役づくり。

下村　徐々に白紙に戻していくのですか。それとも、段階的に。

岩下　時間ですね。時間が解決してくれます。そして新しいお仕事が来ると、またその役を作るために、いろんな所に見学に行ったり、勉強をしていくうちに、自分がまた、違った人間になっていくという感じですね。

下村　たとえば私の場合は、ほぼ24時間、写真のことを考えています。表現の奴隷とでも言いましょうか。そのために自分を整えて、現場に行く。そして帰ってくる。それが私の人生だと。

岩下　今、表現の奴隷と仰ったけど、まさにその通りね。私もやはり、毎日ずっと表現し続けてきたわけです。その役をやっているときって、芝居が終わっても、その気持ちからあんまり離れたくないんです。不器用ですから。24時間、その役のままでいたいんです。旦那様が映画監督だから、そこは理解してくれていたと思いますけれど。普通の人と結婚していたら、3日で追い出されていたでしょうね。

下村　私も、写真しかできない人間なんです。たまたま職業になったからよかったのですが、それしかできないということは、強烈なコンプレックスでもあります。

岩下　私もそうよ！　私から女優を取ったら、本当に能無し女ね。それがものすごいコンプレックスです。だから、これしかないと思ってやってきましたけどね。

下村　才能というのはレンタル商品だと思っているんです。才能に胡坐《あぐら》をかいた瞬間、神様が奪い取って行ってしまうんです。だから常に、仕事に献身していきます。そして、何が起きても常に自分の責任であって、人のせいにはしないようにしています。この失敗は、私が悪い。じゃあそこから、どう追求していけばいいのだろうと。

岩下　そう、すべて自分ですよ。

下村　でも、孤独です。寂しいというのではなくて。

岩下　下村さんもそうですか。孤独ですか？　やっぱり。

下村　はい。生意気ですけれども、孤独です。でも、孤独とちゃんと向き合って生きていくということも、美を表現するためには必要なのでしょう。姫の場合は、孤独というよりも、孤高という感じがあります。孤独と美しさが合わさって、孤高になるのです。

岩下　そうですか。ありがとうございます。

下村　そして、謙虚さもお持ちです。

岩下　ええ、謙虚さは、忘れずにいたいと思います。若いときは外見が美しければよかったけれど、やっぱり年齢と共に内面が出てくると思うんですよ。だから、人間の内面を豊かにすること。女性も男性も、それがすごく大事だと思うのです。何かに感動する心を忘れない。常に謙虚でいること。そして、すべてのことに感謝する。ほんとに、だって皆さんのおかげで成り立っているんですもの。やっぱり常に感謝ですね。私は。下村さんにも感謝です。これからもよろしくお願いいたします。

下村　光栄です、これからも撮影をさせてください。よろしくお願い申し上げます。

★この対談は、2018年12月8日放送
NHK Eテレ『Switchインタビュー 達人達～　岩下志麻(女優)×下村一喜(写真家)』の内容を、再構成したものです。

写真・渞忠之

岩下志麻　IWASHITA SHIMA
東京都・銀座生まれ。女優。本名、篠田志麻。両親は新劇俳優の野々村潔、山岸美代子。1958年、NHKドラマ『バス通り裏』でテレビデビュー。1960年、松竹入社。同年『笛吹川』でスクリーンデビュー。以降、松竹の看板女優として次々にヒットを飛ばす。1967年、篠田正浩監督と結婚し、独立プロ・表現社を設立。1976年、松竹を円満退社。主な出演作品に『乾いた湖』『秋刀魚の味』『五瓣の椿』『雪国』『心中天網島』『卑弥呼』『はなれ瞽女おりん』『鬼畜』『悪霊島』『鬼龍院花子の生涯』『疑惑』『極道の妻たち』シリーズなど、映画史に残る数々の名作がある。2004年、紫綬褒章受章。2012年、旭日小綬章受章。

下村一喜　SHIMOMURA KAZUYOSHI
兵庫県・宝塚市生まれ。写真家・映像作家。多摩美大在学中に写真家として活動を開始する。渡仏後、仏版「madame FIGARO」と契約、日本人写真家として初めて英「THE FACE」表紙を飾る。帰国後、国内外の雑誌表紙を多数撮影し、各界セレブリティや多くの俳優、アーティストからの信頼も厚い日本を代表する写真家の1人。東京都現代美術館にて「山口小夜子展」作品を発表する。著書に『美女の正体』『ウーマン』(集英社)。

ブックデザイン　若山嘉代子 L'espace
スタイリスト　江木良彦　小田桐はるみ　馬場郁雄
村井緑　石田純子
ヘアー　馬場利弘
メイク　冨永朋子　桑野毅　伊藤貞文
編集協力　土井弘子　宮村朋子　平田陶子　山本拓
二見屋良樹
写真協力　「et Rouge」(株式会社日経BP社)、
「ときめき」(株式会社世界文化社)、
「ハルメク」(株式会社ハルメク)
協力　NHK「Switchインタビュー 達人達」制作班
日本メナード化粧品株式会社

美の奴隷として生きることに決めた

2019年12月3日　初版第一刷発行

岩下志麻　下村一喜

発行者　田中幹男
発行所　株式会社ブックマン社
〒101-0065　千代田区西神田3-3-5
TEL 03-3237-7777　FAX 03-5226-9599
http://www.bookman.co.jp/

編集　小宮亜里
営業　石川達也

ISBN978-4-89308-925-0

印刷・製本　凸版印刷株式会社

定価はカバーに表示してあります。乱丁・落丁本はお取替えいたします。
本書の一部あるいは全部を無断で複写複製及び転載することは、
法律で認められた場合を除き著作権の侵害となります。
©SHIMA IWASHITA, KAZUYOSHI SHIMOMURA 2019　(対談部分)©NHK 2019
Printed in Japan